AF107296

www.ingramcontent.com/pod-product-compliance
Lightning Source LLC
LaVergne TN
LVHW010400070526
838199LV00065B/5869
9789358722628

آگہی کے لمس

(غزلیں)

مبارک انصاری

© Mubarak Ansari

Aagahi ke Lams *(Ghazals)*

by: Mubarak Ansari

Edition: November '2024

Publisher :

Taemeer Publications LLC (Michigan, USA / Hyderabad, India)

ISBN 978-93-5872-262-8

مصنف یا ناشر کی پیشگی اجازت کے بغیر اس کتاب کا کوئی بھی حصہ کسی بھی شکل میں بشمول ویب سائٹ پر اَپ لوڈنگ کے لیے استعمال نہ کیا جائے۔ نیز اس کتاب پر کسی بھی قسم کے تنازع کو نمٹانے کا اختیار صرف حیدرآباد (تلنگانہ) کی عدلیہ کو ہو گا۔

© مبارک انصاری

کتاب	:	**آگہی کے لمس** (غزلیں)
مصنف	:	**مبارک انصاری**
صنف	:	شاعری
ناشر	:	تعمیر پبلی کیشنز (حیدرآباد، انڈیا)
سالِ اشاعت	:	۲۰۲۴ء
صفحات	:	۱۰۶
سرورق ڈیزائن	:	تعمیر ویب ڈیزائن

انتساب

استاد محترم

عالیجناب

پروفیسر محمود الٰہی صاحب

کے نام.....

یہ تو آگہی کے لمس کی تاثیر ہے!

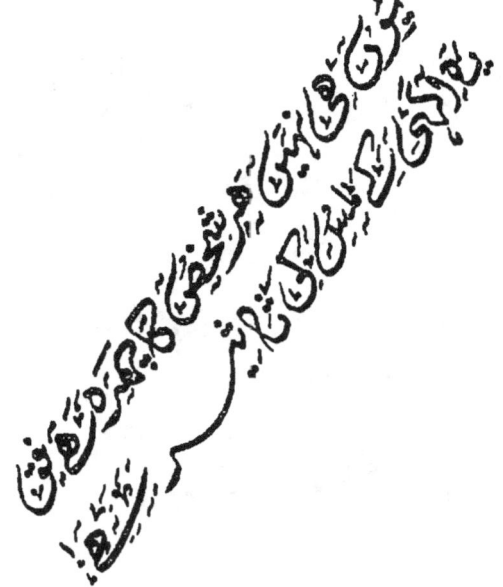

نذر

اعجاز احمد انصاری اور قمرالدین انصاری

ہے آفتاب کوئی ان میں تو کوئی مہتاب
مبارکؔ اپنی جگہ ہے ہر ایک اپنا جواب

آگہی کے لمس (غزلیں) — مبارک انصاری

جملہ حقوق بحق ——— شاعر محفوظ ہیں

کتاب کا نام	آگہی کے لمس
ناشر و شاعر	ڈاکٹر مبارک انصاری
پیشہ	درس و تدریس
سن اشاعت	۸۶ء
کتابت	حافظ عرفان اللہ

ڈاکٹر مبارک انصاری۔ تیرا پور گورکھپور ۲۷۳۰۰۱

تجرید پسندی

تجربہ
یہ ایک ایسا لفظ ہے
جو کبھی
کامیابی و کامرانی عطا کرتا ہے
تو کبھی
ناکامی و مایوسی........!
تجربہ ہوتا رہتا ہے
چونکہ
یہ ایک ایسا لفظ ہے جو......
زندگی کے ہر شعبہ میں
دخل انداز ہے
تو پھر
اردو ادب
کیسے مبرّا رہ سکتا ہے ؟

آج
اردو ادب (خاص طور پر اردو شاعری)
بہت تیز رفتاری سے تجرباتی دور سے گذر رہا ہے
ترقی پسندی
اور جدیدیت پسندی میں
کشمکش جاری ہے
ایسے حالات میں
تجرید پسندی کا وجود میں آنا
ایک جراءت آمیز فعل ہے
المختصر
"آگہی کے لمس"
اسی سلسلے کی
ایک کڑی ہے۔
دیکھنا ہے
یہ تجرید پسندی
کہاں تک پسند کی جاتی ہے....؟

شمیم شہزاد

دو لفظ

بے قراری اور اضطراری ...... چاہے وہ محبت
کی دین ہو یا پُر آشوب دور کی، اس کو جامۂ حرف
دینا ہی شاعری ہے۔ حالات جوں جوں بدلتے رہتے
ہیں ...... ہماری تہذیب کے اندر داخلی اور
خارجی دراڑیں پڑتی رہتی ہیں ایسے میں ان
تبدیلیوں کے ساتھ سمجھوتہ کرنا دُوراندیشی کی
علامت ہے۔ اِسطرح یہ بات نمایاں ہوتی ہے کہ
شعر و ادب اپنے عہد کی علمی و ذہنی فضا سے اثر
قبول کرتا ہے اور اسے نئی سمت بھی دیتا ہے۔ اور
اس کے ساتھ ہی ساتھ نئی ذہنی سمت کو جذباتی
فکری اور داخلی تجربوں کی گہرائیوں تک پہونچانا

بھی ادب کا معجزہ ہے

ڈاکٹر مبارک انصاری ایک ایسا نام جو ادب کے معجزہ میں یقین بھی رکھتے ہیں اور اس کو آگے اور آگے بڑھانے میں جد و جہد بھی کرتے ہیں !

"آگہی کے لمس" انہیں سمجھوتوں کا تلخ مرکب ہے۔ جس کو شیریں پسند ہضم نہیں کر سکتے۔

سلام فیضی

اپنے بارے میں

(دو شعر)

نہ میرے پاس ہے لشکر نہ میں سکندر ہوں
میں پستیوں میں بلندی کا پھر بھی منظر ہوں

بڑی عجیب ہیں پیکر تراشیاں میری
میں اپنے عہد کا اک بے نظیر آزر ہوں

مبارک انصاری

آگہی کے لمس (غزلیں)   مبارک انصاری

غزلیں

آڑی ترچھی پرچھائیں مبہم سے پیکر دیکھ
شاید کوئی شکل نظر آجائے منظر دیکھ

۱۴

وہ لشکر گل عذاروں کا نہیں آیا
ابھی موسم بہاروں کا نہیں آیا

نہ جانے دھند سی کیوں ہے فضاؤں میں
ہیولا تو غباروں کا نہیں آیا

نکل آئے شعاع مہر سے ہو کر
مگر سایہ چناروں کا نہیں آیا

خموشی موج دریا کی بتاتی ہے
سفینہ جاں نثاروں کا نہیں آیا

قدم تو چلتے چلتے تھک گئے لیکن
نگران ماہ پاروں کا نہیں آیا

سمٹ کر رہ گیا گھر میں مگر اس کو
سلیقہ شہر یاروں کا نہیں آیا

مبارکؔ کیوں بدن میں جھرجھری سی ہے
سماں تو برف زاروں کا نہیں آیا

—— ——

۱۵

خواہ منظر ہو کہ پس منظر بدل دو
آج اپنے خواب کے پیکر بدل دو

حسن اسمیں اور نہ اب کوئی کشش ہے
یہ قبائیں اور یہ زیور بدل دو

تم کو ہر چہرہ دکھائی صاف دیگا
اپنی عینک کے اگر نمبر بدل دو

ہے ہوائے غم اب طوفاں کی صورت
کشتیٔ احساس کے لنگر بدل دو

اسمیں اب سودا نہ اب جوشِ جنوں ہے
اسلیئے اب آدمی کے سر بدل دو

۱۶

یہ فضائے نیل گوں پھر بھی رہے گی
لاکھ اپنے پاؤں کے چکر بدل دو

خواب بننے کیلئے دھرتی پڑی ہے
یار کس چکر میں ہو بستر بدل دو

جب بلائیں بھی نہیں دیتی ہیں دستک
اب یہی بہتر ہے اپنا گھر بدل دو

سُرخ ہوتا جا رہا ہے زرد سُورج
اے مبارکؔ تم بھی اب تیور بدل دو

۱۷

صفحہ صفحہ تخلیقی لفظوں کو گر بینائی دینا
تحریروں کے پیکر کو بھی تھوڑی بہت رعنائی دینا

اپنا چہرہ تکتے تکتے آئینے دھندلا سے گئے ہیں
کتنا مشکل لگتا ہے اب کندن روپ دکھائی دینا

پھر نہ مری یادوں کے سر ٹکرا کے کہیں زخمی ہو جائیں
ماضی کے نیچے دروازوں کو تھوڑی اونچائی دینا

اپنا بچپن اپنی جوانی گذری ہے جب گھٹی فضا میں
میرے بھائی بچوں کو مت گھٹی گھٹی انگنائی دینا

اتنا دھیان میں رکھنا اے دریا کے پار اترنے والو
لہروں کو جب راہ بتانا کشتی کو بینائی دینا

ایسا ہی ہے جیسے تپتے صحرا پر ہو بوندا باندی
راہوں کے بے برگ شجر کو بہکی ہوئی پروائی دینا

اپنے دل کی بات مبارکؔ کہنا علامت کے پردے میں
غزلوں کو خوابوں کے پیکر خوابوں کو سچائی دینا

۱۸

قدم یہیں سمجھ کے رُک گیا نہ ہو
یہیں سے راستہ کہیں کٹا نہ ہو

ہم آؤ اک نظر تو ڈال لیں اُدھر
وہ گل کی اوٹ میں کہیں چھپا نہ ہو

شفق شفق ہے آج بام و در کا رنگ
افق سے ماہتاب جھانکتا نہ ہو

بچھے ہوئے ہیں برگ گل روش روش
کہیں وہ شوخ کا یہ راستہ نہ ہو

ہے ایسے مسئلے کی کوئی اہمیت
گمان جس پہ تیری زلف کا نہ ہو

نکل پڑا ہے آئینہ بہ دست وہ
میں ڈر رہا ہوں کوئی حادثہ نہ ہو

مبارک ایسی راہ اختیار کر
جہاں کہیں کسی کا نقشِ پا نہ ہو

۱۹

آنکھوں میں وہ نشہ نہ وہ تیور ہے اب
لگتا ہے جیسے شام کا منظر ہے اب

نظریں تری دھندلا گئی ہیں اس لئے
پیشِ نظر احساس کا پیکر ہے اب

تقدیر تو دکھلا چکی اپنا اثر
کیوں ذہن میں تدبیر کا چکر ہے اب

لیکن مجھے منزل نظر آئی نہیں
وہ آفتابِ حشر بھی سر پر ہے اب

بوجہل ہو۔ فرعون یا نمرود ہو
ہر طرح کا جذبہ ترے اندر ہے اب

۲۰

کیا پھر کوئی ابنِ علی پیدا ہوا
کیوں چمچماتا وقت کا خنجر ہے اب

انسانیت لیکن نظر آتی نہیں
انسان تو پہلے سے بھی بہتر ہے اب

کیا انقلاب آنے کو ہے پھر دہر میں
ٹھہرا ہوا کیوں وقت کا تیور ہے اب

لیکن ترا ہے رنگ سب سے منفرد
لہجہ مبارکؔ آگ سے اک بڑھ کر ہے اب

۲۱

وہی پُر فریب ادائیں ہیں ابھی راہ میں
اسے کیا خبر کہ بلائیں ہیں ابھی راہ میں

ابھی کچھ شجر کے بدن پہ سبز لباس ہیں
کہاں دل خراش ہوائیں ہیں ابھی راہ میں

کوئی آفتاب ہو حشر کا مجھے غم نہیں
تری زلف جیسی گھٹائیں ہیں ابھی راہ میں

رہیں گامزن ابھی اپنی اپنی ڈگر پہ ہم
وہی نقرئی سی فضائیں ہیں ابھی راہ میں

وہ ضرور ہوگا یہیں کہیں ترے آس پاس
اے مبارک اسکی صدائیں ہیں ابھی راہ میں

۲۲

نہ صحرا نہ دشتِ بلا ہے
نہ خوابوں کا وہ سلسلہ ہے

نہ وہ بام و در ہیں نہ جلوے
نہ وہ نقرئی سی فضا ہے

ہوئی شام گھر لوٹ جائیں
نہ دیکھیں کہ ہاتھوں میں کیا ہے

تھکے راستے ہر طرف ہیں
کہاں اب سفر میں مزہ ہے

ذرا اسکو چھو کر تو دیکھو
بدن اس کا آتش کدہ ہے

۲۳

مگر ہم ارادہ نہ بدلیں
اگرچہ مخالف ہوا ہے

یہ دل ہے کہ بیت المقدس
کھڑا اک نہ اک مسئلہ ہے

زمانہ جو ہے محو حیرت
قلم کا ترے معجزہ ہے

جسے چاند کہتی ہے دنیا
مبارک ترا نقشِ پا ہے

بے حس اور اپاہج ہو گئے اپنی ادا دکھانے والے
شہروں شہروں گاؤں گاؤں گھر گھر آگ لگانے والے

لیکن ہم قومی یکجہتی پر بھی نہیں اکٹھا ہوتے
دھکے کر دھکے کر جٹ جاتے ہیں بچے شور مچانے والے

سہمی سہمی دھوپ کھڑی ہے پیڑوں سے دھرتی پہ اتر کر
تیری بھی اب خیر نہیں آنکھوں میں خواب سجانے والے

وحشت اوڑھے رات کھڑی رہتی ہے دروازے پر تیرے
اک دن زد میں آجائیں گے رات گئے گھر آنے والے

میر تقی، غالب، مومن کی غزلوں کا یگ بیت گیا ہے
بنجامن مولائز بن جا اپنا گیت سنانے والے

آنگن آنگن ناچ رہی ہے آج جو ممبو کے بیٹ کی ڈائن
کیا جانے کب کیا ہو جائے قسمت پر اترانے والے

شاعر اور ادیبوں کو میں دیتا ہوں ترجیح مبارک
کان کھول کر سن لیں پی۔ ایچ ڈی کا رعب جمانے والے

۲۵

چاند گگن سے جھیل میں اترا کس کی خاطر
جلوہ دوشیزہ منظر سا کس کی خاطر

کتنی قبائیں چاک ہوئی ہیں تو کیا جانے
شوخ ہوا نے تیور بدلا کس کی خاطر

اپنے دل سے پوچھ کے مجھ کو بتلا دے تو
بھیگی زلفیں روشن چہرہ کس کی خاطر

کس سے پوچھیں تو ہی بتا اے گردشِ دوراں
خون کی نہریں آگ کا دریا کس کی خاطر

ہم جیسے دیوانوں سے منسوب نہیں تو
طوق، سلاسل، زنداں، صحرا کس کی خاطر

چوراہے چوراہے آکر خواب کھڑے تھے
گلی گلی کہرام مچا تھا کس کی خاطر

پوچھ رہے ہو مجھ سے مبارکؔ میں کیا بولوں
موسم تنگ نظر تھا اتنا کس کی خاطر

۲۶

استعارہ اور علامت سے بچانا آج کی شب
صرف پریوں کی کہانی ہی سنانا آج کی شب

موسموں کا لمس اور خوشبو ہواؤں کی ہو جس میں
خواب ایسے اپنی آنکھوں میں سجانا آج کی شب

گر ترا معیار بھی گر جائے تو پروا نہ کرنا
منظروں پر نقش کوئی پھر بنانا آج کی شب

اس سے پہلے گونج اٹھے بر تن میں تیری سسکیاں سی
تھپکیاں بچوں کو دیکر پھر سُلانا آج کی شب

چھو نہ دیں تار نفس پھر انگلیاں جذبات والی
چہرۂ احساس سے پردہ ہٹانا آج کی شب

اے مبارکؔ چاہے لٹ جائے متاعِ آرزو بھی
خود کو پھر اک بار داؤں پر لگانا آج کی شب

۲۷

کچھ ان دنوں شہر کی ہمارے ہوا عجب ہے
کسی کو احساس تک نہیں ہے کہ کیا سبب ہے

چھپا رہا ہے جو ہار اپنی ادا دکھا کر
وہ خود فریبی سے باز آئے مزہ تو جب ہے

وہ ایک لہجہ سمجھ رہا ہے جسے وہ سب کچھ
اس ایک لہجے پہ بھی اسے وہ عبور کب ہے

یہی سبب ہے ہر آدمی بھاگتا ہے اس سے
وہ وار کرتا ہے دوست بن کر یہ کیا غضب ہے

اسی لئے پھڑ پھڑا رہا ہے پرندہ شاید
سمجھ رہا ہے کہ آج دم اسکا زیر لب ہے

جمعہ جمعہ آٹھ دن کا جس کو سمجھ رہے ہو
حقیقتاً اے مبارک وہ ہوشیار اب ہے

۲۸

تجھ کو خود پر غرور آئے گا
ایک دن وہ ضرور آئے گا

کتنی جہتیں سمٹ آئیں گی
جب تجھے بھی شعور آئے گا

آگ جب دے گا پیکر ترا
دوڑ کر کوہِ طور آئے گا

تیرے وعدے تعاقب میں رہیں
کر کے دریا عبور آئے گا

ہر طرف حشر آرا ہیں لوگ
کون تیرے حضور آئے گا

چاند اترے گا آنگن میں جب
چہرے چہرے پہ نور آئے گا

ایک دن وہ مبارک ضرور
تھک کے خود چور چور آئے گا

نہ حوصلہ نہ اب کوئی امنگ ہے
تھی جس کی آرزو وہ میرے سنگ ہے

یہ معجزہ ہے "آگہی کے لمس" کا
دل و دماغ میں جو سرد جنگ ہے

ابھی سے ہم گھروں کی سوچتے ہیں کیوں
ابھی تو ہر طرف بلا کا رنگ ہے

ہے جس کے آگے ایک مٹھی آسماں
زمین اس کے سامنے بھی تنگ ہے

ہے اس کی ٹھمکیوں میں ہر نفس کی ڈور
یہ آدمی بھی جیسے اک پتنگ ہے

ہمارے پاس کیا ہے صرف ایک دل
تمہارے پاس تیر ہے تفنگ ہے

مبارکؔ اس سے کوئی بھی نہ بچ سکا
وہ زلف ایک حلقۂ نہنگ ہے

آگہی کے لمس (غزلیں) مبارک انصاری

۳۰

تمہیں اس بات کی لوگو خبر بھی ہے
سہانا ہے سفر لیکن خطر بھی ہے

اندھیرا دیکھ کر مایوس مت ہونا
پس ظلمات اک نور سحر بھی ہے

منظر تو پہلے ہی کچھ کم نہ تھی اسکی
اب اس کے ہاتھوں میں تیر و تبر بھی ہے

مگر اپنی جگہ پر ضد بھی ہے قائم
خلش دل میں اِدھر بھی ہے اُدھر بھی ہے

سمجھ بیٹھا اسیر ذات کیوں خود کو
ابھی ادراک پر تیری نظر بھی ہے

قدم یوں ہی نہیں افلاک پہ پہنچا
کہ شامل اسمیں کچھ دستِ ہنر بھی ہے

ٹھہرتی ہی نہیں جس پر کوئی بھی رت
مری ہی طرح وہ کہنہ شجر بھی ہے

نہ ہو جسمیں درو دیوار کا چکر
کہیں دھرتی پہ کوئی ایسا گھر بھی ہے

مسافت تجھ کو طے کرنی ہے اک لمبی
مبارکؔ پاس کچھ رختِ سفر بھی ہے

۳۲

خوف کا احساس سیم و زر میں آیا
روشنی کا سانپ جب سے گھر میں آیا

چاٹ کر اپنا لہو مر جائے گا تو
عشق کا سودا جو تیرے سر میں آیا

عقل کی دیوی طوائف بن گئی ہے
ڈھل کے تو جب خواب کے پیکر میں آیا

تیری تہذیبیں نکل جائیں گی گھر سے
کوئی باہر کا قدم جو گھر میں آیا

سینۂ شورش پہ سناٹے کی سِل ہے
کون آخر وقت کے تیور میں آیا

اڑ گیا محنت کی مٹی کی طرح سے
اے مبارکؔ جب وہ بازیگر میں آیا

۳۳

رسائی تھی نوکِ سناں تک
ہمیں آزماتے کہاں تک

تھے ہر سمت بے خواب منظر
قدم اپنے پہونچے جہاں تک

جو اپنی ڈگر سے نہ بھٹکے
وہی لوگ پہونچے وہاں تک

تھا وہ لمس تیری نظر کا
سلگتے رہے جسم و جاں تک

کہاں جاں گسل تھے وہ لمحے
نہ ٹوٹی وہ مہرِ زباں تک

۳۴

ابھی اور کچھ دُور چلئے
جُھکا ہے جہاں آسماں تک

کٹی عمر بے رہ روی میں
نہ پہونچے کبھی ہم مکاں تک

زمانہ ہوا خواب دیکھے
نہ باقی رہا اب دُھواں تک

مبارکؔ کہاں جاتے ہم لوگ
مقید تھے دارالاماں تک

۳۵

جوشِ شہوت میں وہ شیطاں سے بھی آگے بڑھ گیا ہے
آسماں بے مثل فحاشی پر اس کی کانپتا ہے

دور تا حدِ نظر خوابوں کا جیسے سلسلہ ہے
زندگی اس کے سوا بتلائیے کوئی اور کیا ہے

راستے جتنے ہیں سب مسدود ہوتے جا رہے ہیں
جب سے وہ نیوٹن اور کالی داس بننا چاہتا ہے

نیند کے زخمی کفِ پا سے لہو ٹپکا ہے ایسے
آسماں کی آنکھ سے جیسے کوئی موتی گرا ہے

خودکشی کرنی ہے ان کو بھی مری بچیّ کی صورت
راہ چلتی لڑکیوں کو دیکھ کر وہ سوچتا ہے

گھر کی گیلی لکڑیوں کو رکھ کے سورج کے دہن پر
صبح سے وہ شام تک روٹی کی خاطر جل رہا ہے

آگہی کے لمس (غزلیں) مبارک انصاری

کیا عجب شے بھوک ہے کہ جس سے وہ مجبور ہو کر
اپنی عزت آبرو نیلام کرنے پر تُلا ہے

صبح کی پہلی کرن کا وہ کوئی اعجاز ہے یا
رات کا ہے درد جو اعصاب سے رسنے لگا ہے

میر و غالب کی روش سے ہٹ کے کچھ کہنے لگے وہ
اس طرح کا راستہ اب بھی مبارک ڈھونڈتا ہے

۳۷

گیا وہ کتابوں کا موسم
کہاں اب وہ خوابوں کا موسم

ابھی تک نظر میں ہے رقصاں
شگفتہ گلابوں کا موسم

ہوائیں بھی لہرا کے آئیں
جب آیا حبابوں کا موسم

کوئی رُت ہو کیسی فضا ہو
ہے گھر میں حسابوں کا موسم

نگاہوں میں اب بھی ہے اسکی
چھلکتی شرابوں کا موسم

مبارکؔ تری زندگی بھی
ہے جیسے سرابوں کا موسم

۳۸

پڑا ہوا تھا کل تک جو چوپال کی صُورت
بکھر گیا ہے آج وہ تیرے بال کی صورت

تجھ میں ایسی ایسی کرامت سے دیکھی میں نے
بدل گیا میں بھی جوگی جے پال کی صُورت

یہ نیرگی فطرت کی ہے اسکا کیا ہے
جو کل تک ندی تھا آج ہے تال کی صُورت

لگنے لگا ہے چہرہ نئے کلنڈر جیسا
بدل گیا ہے وہ بھی ماہ و سال کی صورت

لیکن اپنے یگ کا ایک سکندر ہوں میں
دیکھے سے جو لگتا ہوں کنگال کی صُورت

اپنے ہاتھوں سے کچھ نیکی کر لے مبارک
سامنے اسکے جانا ہے اعمال کی صُورت

۳۹

مری نظر کو سراب دیتا رہا ہمیشہ
وہ موسموں کو گلاب دیتا رہا ہمیشہ

وہ ایک ہم تھے نہ دے سکے کچھ بھی اس جہاں کو
اور ایک وہ تھا کہ خواب دیتا رہا ہمیشہ

مگر کبھی اسکی کیفیت میں نہ فرق آیا
نفس نفس اضطراب دیتا رہا ہمیشہ

کہ جسمیں سطروں کے درمیاں اسکا نام ہوتا
وہ لاکے ایسی کتاب دیتا رہا ہمیشہ

گئیں نہ صحرا نوردیاں رائیگاں ہماری
قدم قدم اک سراب دیتا رہا ہمیشہ

تھکن تھی جیسی زمیں کے چہرے پہ آج بھی ہے
سروں پہ سایہ سحاب دیتا رہا ہمیشہ

چمکتا سورج افق کی دہلیز سے نکل کر
مبارکؔ اک انقلاب دیتا رہا ہمیشہ

۴۰

لوازمات سے تو خود کو دُور کر
پھر اس کے بعد سیر کوہ طور کر

حصار ذات توڑ کر نکل ذرا
تھکن سے اپنے پاؤں کو تو چور کر

ہیں جس کے راستے میں پیچ وخم بہت
شباب کی وہ سرحدیں عبور کر

مکان ہجر میں پڑا ہوا ہے کیوں
تو اپنی زندگی کو رنگ و نور کر

لرز اٹھیں نہ آئینے کے حوصلے
نہ اس طرح سے دیکھ خود کو گھور کر

زمانہ جس سے کر رہا ہے انحراف
مبارک ایسے کام تو ضرور کر

۴۱

بہاروں کا بھی اب کے رنگ پھیکا ہے
دیارِ گل میں چنگاری نہ شعلہ ہے

درِ زنداں مقفل مت ابھی کرنا
ہواؤں نے کہاں انداز بدلا ہے

ہیں دونوں اپنی اپنی راہ پر قائم
مگر دونوں کا مقصد ایک جیسا ہے

سرِ راہ کھڑا ہے ایک مدت سے
شجر کی طرح کس کی راہ تکتا ہے

بتاتی ہے شکن بستر کی وقتِ صبح
گذشتہ شب کسی کا خواب بکھرا ہے

۴۲

یوں ہی بکھری نہیں ہے کہکشاں یارو
یہ لگتا ہے کہ کوئی آنے والا ہے

افق پر جب سے ابھرا ہے وہ اک پیکر
شفق چہرہ بھی مرجھایا سا لگتا ہے

بظاہر کیا ہے وہ اندر سے کیسا ہے
ابھی تم نے کہاں سمجھا ہے پرکھا ہے

مبارکؔ آجکل ہر شخص کا چہرہ
خزاں کے پھولوں کا گلدان لگتا ہے

ستم اٹھائے جا الم اٹھائے جا
تو دل کو خوگر جفا بنائے جا

جنوں سے سیکھ عقل و آگہی کی بات
جو ہو سکے تو یہ بھی آزمائے جا

ابھی سے اسقدر تو مضمحل نہ ہو
ابھی تو اور دل پہ چوٹ کھائے جا

اسے بچا کے رکھ عزیز جاں ہیں یہ
مت آنسوؤں کو اسطرح گنوائے جا

بجھائے جا تو آنسوؤں سے اپنی پیاس
تھپک تھپک کے بچوں کو سلائے جا

نہ حسن کو دے اور درس تمکنت
نہ اور عشق کی حدیں بڑھائے جا

حقیقتوں سے انحراف کب تلک
مبارک آئینہ اسے دکھائے جا

کوئی نقش دل پہ وہ آج ایسا بنا گیا
مجھے آئینہ مری زندگی کا دکھا گیا

کوئی خواب تھا وہ طلسم تھا کہ سراب تھا
مری کشمکش جو ہر اک قدم پہ بڑھا گیا

کوئی بات ایسی ضرور اس میں تھی منفرد
وہ جہاں گیا وہیں ہاتھوں ہاتھ لیا گیا

تری دسترس میں نہ آسکا وہ کسی طرح
کوئی جھونکا تھا اک ہوا کا آیا چلا گیا

میں مزاج اسکا سمجھ سکا نہ کسی طرح
وہ ہنسا گیا تو کبھی وہ آکے رلا گیا

۴۵

مرا دوست تھا مرا ہم نفس مرا یار تھا
مرے قصرِ دل کی بنا جو آ کے ہلا گیا

میں یہ کیسے مان لوں پیار مجھ سے نہیں رہا
مرا حال دیکھ کے اس سے بھی نہ رہا گیا

میں نے جس کو سمجھا ہمیشہ اپنا عزیزِ جاں
وہی میرے دل پہ بھی ضرب آج لگا گیا

اے مبارکؔ اپنی غزل کا رنگ عجیب تھا
یہی بات تھی جو ہر ایک ذہن پہ چھا گیا

سعیٔ و عمل تھا کب خیال و خواب میں
الجھے رہے ہم منبر و محراب میں

مدت سے وہ بڑھیا نظر آئی نہیں
چرخا جو کاتا کرتی تھی مہتاب میں

کیا بات ہے لہروں سے جا کر پوچھیے
رہتی ہے کیوں ہر وقت پیچ و تاب میں

سمجھو کہ بس ساحل ہے تھوڑی دور اب
کشتی پھنسے جب حلقۂ گرداب میں

آنے دے اپنا ذکر میرے ساتھ ساتھ
ہوگا اضافہ عاشقی کے باب میں

موسم نے اپنا فیصلہ بدلا نہیں
پھر کیوں تنوع ہے مرے اعصاب میں

حجاج بن یوسف کا اس میں ہاتھ تھا
الجھا دیا دنیا کو جو اعراب میں

کچھ بھی نہ تھا تیرے تبسم کے سوا
مدتوں دیکھا ہے عکس خواب میں

لیکن مبارک تھی وہ اک گہری ندی
پاؤں سمجھ کر رکھا تھا پایاب میں

آگہی کے لمس (غزلیں)
مبارک انصاری

۴۸

سہمے سہمے سناٹوں کا شور سنائی دیتا ہوگا
یگ یگ کے پیاسے لمحوں کا شور سنائی دیتا ہوگا

اپنی ذات کے مرقد میں بھی زیر و بم جب اٹھتے ہونگے
اجڑے اجڑے سے کتبوں کا شور سنائی دیتا ہوگا

تخئیلی بیساکھی لیکر چلتے ہونگے اپاہج لہجے
تحریروں میں جب لفظوں کا شور سنائی دیتا ہوگا

پردیسی کے آنے کی جب جب چٹھی گھر آتی ہوگی
اس کی آنکھوں میں خوابوں کا شور سنائی دیتا ہوگا

ساکت دریا کے سینے میں جزر و مد جب اٹھتے ہونگے
ساحل ساحل بھی لہروں کا شور سنائی دیتا ہوگا

۴۹

جسم کے زندانوں میں لوگو روحیں یونہی نہیں بستی ہیں
سانسوں کے چلتے پنکھوں کا شور سنائی دیتا ہوگا

مہدی افادی، فراق اور اصغر گورکھپور کے رہنے والے تھے
شہر ادب میں ان لوگوں کا شور سنائی دیتا ہوگا

گلشن گلشن صحن چمن میں فصل بہاری کی آمد پر
لمحہ لمحہ سبز دلوں کا شور سنائی دیتا ہوگا

دریا دریا لہروں کے سر جب بھی اٹھتے ہونگے مبارک
کشتی کشتی طوفانوں کا شور سنائی دیتا ہوگا

۵۰

قطب نما کی طرح وہ سمتیں بتا رہا تھا
مگر سمندر کے جزر و مد سے کب آشنا تھا

بلا رہا تھا مجھے اشارے سے اپنی جانب
وہ چاند کل جو افق کی دہلیز پر کھڑا تھا

بجھا دیا آج اسے ہوائے نفس نے تیری
وہ اک شکستہ دیا جو مکان ہجراں میں جل رہا تھا

وہ معتبر آج بن گیا ہے تری نظر میں
جو ٹوٹ کر قسط قسط لمحوں میں بٹ گیا تھا

جو بس میں ہوتا تو جیتی بازی میں ہار جاتا
وہ جس کی خاطر شگفتہ چہرہ بجھا بجھا تھا

کبھی چمکتا تھا آئینے کی طرح مبارک
وہ ایک چہرہ جو وقت کی گرد سے اٹا تھا

۵۱

جب سے وہ مہتاب سا پیکر نظر میں آیا ہے
جانے کیسا کیسا منظر نظر میں آیا ہے

اپنی مٹھی کھول کر دیکھ رہا ہے وہ
جس دن سے گھر بار لٹا کر نظر میں آیا ہے

کس کو اتنی فرصت ہے جو باہوں کو پھیلائے
ایک سے بڑھ کر ایک گلِ تر نظر میں آیا ہے

موج موج اک ہاتھ دکھائی دینے لگا مجھکو
جب سے وہ تہدار سمندر نظر میں آیا ہے

دنیا کے ہنگاموں سے جو کوسوں دور رہا
نیزے پر اک ایسا بھی سر نظر میں آیا ہے

اپنی خاطر میں لایا ہی نہیں کسی کو وہ
جس دن سے خود اپنا جوہر نظر میں آیا ہے

پھر بھی مبارکؔ نفس کا سانپ نہیں لپکا
صندل جیسا جسم برابر نظر میں آیا ہے

۵۲

پھر سنہری تتلیاں آنے لگی ہیں
پھر پرانے خواب دکھلانے لگی ہیں

کوئی لوٹا دے مجھے پھر میرا بچپن
آرزوئیں چھوڑ کر جانے لگی ہیں

جب سے سورج آگیا ہے اسکے سر پر
وحشتیں بھی اس سے کترانے لگی ہیں

لمحہ لمحہ زرد لمحوں کے بدن پر
دھوپ بھی حالات کی چھانے لگی ہیں

شام ہے یا رات کا پچھلا پہر ہے
کیوں مری نیندیں ستم ڈھانے لگی ہیں

نکہتیں یادوں کی اب تو اے مبارک
ہجر کی راتیں بھی مہکانے لگی ہیں

۵۳

یہ زمیں آسماں کچھ نہیں
تیرے آگے جہاں کچھ نہیں

تو الف ہے بڑی یے ہے وہ
درمیاں فاصلہ کچھ نہیں

جب سے خوشبو جواں ہو گئی
گلستاں گلستاں کچھ نہیں

تیری زلفوں کا ہے پیچ و خم
اور موجِ رواں کچھ نہیں

میرے بچے ترے سامنے
مہر و مہ کہکشاں کچھ نہیں

آگہی کے لمس (غزلیں)　　مبارک انصاری

۵۴

موج ہی موج ہے زندگی
تیرا وھم و گماں کچھ نہیں

ایک دن سب بکھر جائیں گے
تیرا خواب گراں کچھ نہیں

تیری آنکھوں کا اعجاز ہے
ورنہ رنگیں سماں کچھ نہیں

یہ مبارک رہِ عشق ہے
اسمیں سود و زیاں کچھ نہیں

۵۵

سمندر کے حبابوں کی طرح ہے وہ
زمستاں کے گلابوں کی طرح ہے وہ

اسے پڑھنے لگا ہے آج ہر کوئی
کہاں دینی کتابوں کی طرح ہے وہ

مہ و خورشید اس سے آب لیتے ہیں
مگر پھر بھی سرابوں کی طرح ہے وہ

پلٹ کر پھر نہ آئے گا کسی صورت
مرے بچپن کے خوابوں کی طرح ہے وہ

جسے مہتاب کہتا ہے جہاں سارا
مرے گھر کے حسابوں کی طرح ہے وہ

رگیں ساری تنی ہیں تانت کی صورت
کہاں ٹوٹے ربابوں کی طرح ہے وہ

مبارکؔ اب بھی یہ محسوس ہوتا ہے
نشہ آور شرابوں کی طرح ہے وہ

۵۶

فضا فضا میں اب کہیں نمک نہیں
ترا وجود ترا عکس تک نہیں

تلاش کرتے کرتے پاؤں تھک گئے
مگر مرے ارادوں میں لچک نہیں

گلوں کے درمیان رہ رہا ہے تو
ترے بدن میں پھر بھی کیوں مہک نہیں

اتر کے تیری چھت پہ چاند آگیا
مگر کہیں تری کوئی جھلک نہیں

نہ جانے لوگ گھر میں جاگزیں ہیں کیوں
ہواؤں میں تو آج وہ سنک نہیں

مبارک اپنی غزلیں ہیں علامتی
مگر کوئی بھی شعر گنجلک نہیں

جو ادا شہریاروں میں تھی
وہ کہاں گل عذاروں میں تھی

میں کھڑا برف زاروں میں تھا
ٹھنڈ تو ریگ زاروں میں تھی

سامنے مہر دو نیم سے تھے
کشمکش ماہ پاروں میں تھی

بن گئی وہ عدیم المثال
جو ادا چار یاروں میں تھی

جتنے سائے تھے سب جل گئے
آگ ایسی چناروں میں تھی

لذتیں عیش کرتی رہیں
بھوک تنہا قطاروں میں تھی

۵۸

کشتیوں کو جلانے لگے
بات کیا جاں نثاروں میں تھی

سب کے چہرے دھواں ہو گئے
روشنی وہ غباروں میں تھی

کھینچ لائی مبارک تجھے
اک کشش جو نظاروں میں تھی

تو جو اس گلی کا کبھی طواف نہ کر سکا
ہے یہی سبب وہ تجھے معاف نہ کر سکا

تری راہ سے میں رہا ہمیشہ گریز پا
تری ذات سے مگر انحراف نہ کر سکا

ترا چہرہ اسمیں چھپا ہوا تھا اسی لئے
کبھی آئینے سے میں گرد صاف نہ کر سکا

ترا احترام عزیز تھا مجھے ہر طرح
میں اسی لئے کبھی اختلاف نہ کر سکا

تھا بدن دریدہ نظر نظر تھی لہو لہو
ترے سامنے مگر انکشاف نہ کر سکا

آگہی کے لمس (غزلیں) مبارک انصاری

۶۰

تھی طبیعت اپنی انا پسند بھی اسقدر
ترے عشق کا کبھی اعتراف نہ کر سکا

ترے جسم کی سبھی جھریوں کو سمیٹ لے
کبھی کام ایسا کوئی غلاف نہ کر سکا

تھا لحاظ اسکو ہمیشہ صحت زبان کا
کوئی بات اسکے کبھی خلاف نہ کر سکا

اے مبارک اپنی غزل کا ایسا مزاج تھا
کہ میں شامل اسمیں کوئی زحاف نہ کر سکا

۶۱

میں ہوں گلابی سناٹوں میں رہنے والا
خاموشی پر مرنے والا مٹنے والا

کھیل رہا ہے سُورج اس سے آنکھ مچولی
قوسِ قزح کا رنگ ہے اس پر چڑھنے والا

یوں ہی نہیں بہاتا ہے وہ اپنے آنسو
اپنی ذات میں رہنے والا بسنے والا

اشکوں کے سیلاب میں کیسا ڈوب گیا ہے
رُوح کی گہرائی میں روز اترنے والا

رہ گیا سادہ صفحہ کتابِ زیست کا میری
بھول گیا ہے شاید قسمت کے لکھنے والا

زرد اداسی کھیتوں کھیتوں پھیل گئی ہے
بادل اب کے آیا کہاں برسنے والا

ہمکو کیوں مایوس مبارکؔ رکھا اس نے
اپنے ہاتھوں سے دنیا کو دینے والا

۶۴

وہ منظروں سے جوانیاں آکے چھین لیتا
کھلی فضاؤں سے تتلیاں آکے چھین لیتا

جو کھیلنے کو کھلونا اس کو ملا نہ ہوتا
وہ دادی ماں سے کہانیاں آکے چھین لیتا

مشابہت جو نہ ہوتی خمدار گیسوؤں سے
وہ ندیوں سے روانیاں آکے چھین لیتا

وہ آکے عاجز کبھی بجھا دیتا روشنی کو
کبھی وہ ہاتھوں سے کاپیاں آکے چھین لیتا

ہتھیلیاں اس کے بازوؤں کا جو ساتھ دیتیں
وہ اپنے بچوں سے سسکیاں آکے چھین لیتا

یہ زندگی جو اسے قیامت منظر نہ آتی
تری ادائیں جوانیاں آکے چھین لیتا

جو تلخ لہجہ مبارکؔ اس کو پسند آتا
غزل سے وہ خوش بیانیاں آکے چھین لیتا

۶۳

نہ منزل نہ جادہ نہ گھر ہے
تھکے راستوں کا سفر ہے

گلاب زمستاں کی صورت
یہاں آج کل ہر بشر ہے

وہی اس کے تیور ہیں اب بھی
کہاں شب گزیدہ سحر ہے

ہوئی جب سے غرقاب کشتی
نہ طوفاں نہ کوئی بھنور ہے

کہاں زرد لمحوں نے دیکھا
وہ گل جو ابھی شاخ پر ہے

جسے اک منظر دیکھ لے تو
وہی آدمی معتبر ہے

وفا دوستی کچھ نہیں اب
یہ تیرا فریب نظر ہے

جسے زیست کہتی ہے دنیا
وہ کانٹوں بھری رہ گذر ہے

مگر وہ نہیں ہے مبارکؔ
وہی رت وہی بام و در ہے

۶۵

نہ ختم ہو گی تیری جستجو کہیں
بسا کے دیکھ شہر آرزو کہیں

اسی لئے گلوں کی اوٹ میں ہیں خار
چُرا نہ لے وہ شوخ رنگ و بو کہیں

وہی تو ایک مستقل مزاج تھا
نظر نہ آسکا جو کو بکو کہیں

اسی اُمید پر گزار زندگی
وہ مل ہی جائے گا تجھے کبھو کہیں

ہنسی روش پہ اور کون ہے یہاں
کہیں کھلے گلاب ہیں تو تُو کہیں

تو اس خیال کو جھٹک دے ذہن سے
فقیر شہر کی ہے آبرو کہیں

مبارکؔ آج کل غزل کے شہر میں
کہیں ہے شور غل تو ہاؤ ہو کہیں

آگہی کے لمس (غزلیں) — مبارک انصاری

ہر نفس بس یوں ہی نہیں وردِ زباں تھا
لمحہ لمحہ راست تجھ پر مہرباں تھا

سگ گزیدہ تھا نہ وہ مردم گزیدہ
عمر بھر جو مبتلائے امتحاں تھا

بن گیا تھا اسکے ہاتھوں کا کھلونا
مسئلہ درپیش ایسا درمیاں تھا

جو زمیں کی طرح اب بکھرا پڑا ہے
کل تلک اس کا وجود اک آسماں تھا

وہ بھی اپنی ذات میں کچھ کم نہیں تھا
کیا ہوا جو تو اسیرِ گل رخاں تھا

خود کو وہ کہتا تھا لیکن طفلِ مکتب
علم میں جو شخص بحرِ بیکراں تھا

اے مبارکؔ محوِ نظارہ تھے ہم بھی
دور تا حدِ نظر کیا آسماں تھا

سب سے منظریں سجا کر ملا
مجھ سے وہ ادبدا کر ملا

اس کی یہ بھی ادا خاص تھی
خود سے خود کو چھپا کر ملا

آج پھر خاص جلدی میں تھا
آج پھر مسکرا کر ملا

کیفیت سے اس کو معلوم تھی
اک بہانے سے آکر ملا

موسم زمہریر آگیا
جب وہ آنکھیں ملا کر ملا

وہ مبارک تھا اتنا بلند
جب ملا مسکرا کر ملا

٦٨

اِدھر اُدھر جو کل تلک کھنڈر میں تھیں
وہی ہوائیں آج تیرے گھر میں تھیں

جنہیں تو میرے ساتھ ساتھ چھوڑ آیا تھا
وہ اب بھی حسرتیں تری نظر میں تھیں

وہ ساعتیں بھی خواب بن کے رہ گئیں
تمام عمر جو مرے سفر میں تھیں

بھٹک رہی تھی کیوں نظر اِدھر اُدھر
وہ رونقیں تو اب بھی بام و در میں تھیں

مگر وہ شاخِ گُل کو کیسے چھوڑتا
تمام طاقتیں تو بال و پر میں تھیں

تمہارے رُخ کا گیسوؤں کا فیض تھا
ادائیں کب وہ شام اور سحر میں تھیں

مبارک آج جو بھی ہے اسی سے ہے
کرامتیں جو دستِ بے ہنر میں تھیں

لباسِ زندگی اپنا بدلیے تو
انا کے خول سے باہر نکلیے تو

حقیقت خود بخود ہو جائے گی واضح
ذرا احساس کے پیکر میں ڈھلیے تو

بگولے آپ کے ہمراہ آئیں گے
ہوائے تند کی مانند چلیے تو

کرامت آپ میں بھی ہے انا والو
ذرا اک بار بلّیوں اچھلیے تو

اچانک وہ کہیں شاید نظر آ جائے
اصولِ کرمکِ شب تاب جلیے تو

سمٹ آئیں گے بچپن کے حسیں لمحے
مری انگلی پکڑ کر آپ چلیے تو

مبارکؔ میرا دل بھی اک کھلونا ہے
کبھی اطفال کی صورت مچلیے تو

آگہی کے لمس (غزلیں) مبارک انصاری

۷۰

ہے زندگی دشت بلا تو کیا ہوا
کچھ بھی نہیں اس کے سوا تو کیا ہوا

مانا کہ اب بدلے ہوئے حالات ہیں
کل تک موافق تھی ہوا تو کیا ہوا

راہوں میں پیچ وخم جو تھا ہر گام پر
ہو ہی گیا یہ حادثہ تو کیا ہوا

کوئی رہا کب ساتھ کس کے مستقل
پل بھر کو اس کا ساتھ تھا تو کیا ہوا

پھر بھی وہ اپنی ذات میں کچھ کم نہ تھا
تھا ریت کا وہ دیوتا تو کیا ہوا

کل تک تو تھے سب لوگ میرے ساتھ ساتھ
کوئی نہیں اب ہم نوا تو کیا ہوا

اب کے مبارک یہ اپنی دنیا ہے عجب
کوئی نہیں اپنا مرا تو کیا ہوا

خزاں کے پھولوں کا گلدان ہے دنیا
کہ جیسے میرؔ کا دیوان ہے دنیا

غباروں کا ہیولا ہے بدن اسکا
مگر کتنی بڑی نادان ہے دنیا

ہٹا کر دیکھ آنکھوں سے حجاب اپنی
خود اپنی ذات کا عرفان ہے دنیا

مگر میں کیسے کیسے خواب بنتا ہوں
مجھے معلوم ہے ویران ہے دنیا

نفس کا لمحہ لمحہ قتل ہوتا ہے
کہ جیسے جنگ کا میدان ہے دنیا

آگہی کے لمس (غزلیں) مبارک انصاری

۷۲

مشیت کے مطابق عین فطرت ہوں
مری فطرت سے کیوں حیران ہے دنیا

مگر لگتی ہے پھر بھی یہ عزیز جاں
حقیقت میں بڑی بے جان ہے دنیا

کہاں یہ آسماں پہ رہ کر تھے ممکن
پرکھنے کیلئے میزان ہے دنیا

ہر اک پیکر پہ کالک کی قبائیں ہیں
مبارکؔ تو کوئلے کی کان ہے دنیا

کیا گیا مسخ اس طرح روشنی کا چہرہ
نظر نہ آیا کہیں بھی مجھے تیرگی کا چہرہ

وہ لمس تھا یا تمہاری آنکھوں کی تھی کرامت
بدل گیا دفعتاً جو ہر آدمی کا چہرہ

وہ آئینہ روبرو نہ آیا کبھی بھی میرے
دکھا سکے جو مجھے مری زندگی کا چہرہ

اے میری ماں جب آنکھیں کھولیں تجھی کو دیکھا
ملا نہیں تیرے جیسا ابتک کسی کا چہرہ

کہاں تلک وہ سراب دیتا مری نظر کو
چمک رہا تھا جو سامنے آگہی کا چہرہ

اسی لئے میں اداسیوں میں بھی خوش رہا ہوں
پسند مجھ کو نہیں تھا جو خامشی کا چہرہ

اگر مری ذات کا کرب مستقل نہ ہوتا
کہیں تو آتا نظر مبارک خوشی کا چہرہ

آگہی کے لمس (غزلیں)
مبارک انصاری

۷۴

کرب زدہ لمحات کے پیکر آنکھوں میں ہیں
اسکے احسانات کے پیکر آنکھوں میں ہیں

حسن، ادا، آرائش بے معنی ہیں یہاں پر
اپنی اپنی ذات کے پیکر آنکھوں میں ہیں

موج بلا یہ آگ کا دریا کچھ بھی نہیں ہے
جس دن سے جذبات کے پیکر آنکھوں میں ہیں

کیا جانے کب آئے سوا نیزے پر سورج
ابھی سے احساسات کے پیکر آنکھوں میں ہیں

کچھ رسوائی کچھ بدنامی عشق کا حاصل
پھر کیوں یہ صدمات کے پیکر آنکھوں میں ہیں

اسکی گلی سے دار و رسن تک جانا ہے جب
کیوں آخر آفات کے پیکر آنکھوں میں ہیں

اس سے ہے منسوب مبارکؔ گردشِ دوراں
یونہی نہیں حالات کے پیکر آنکھوں میں ہیں

۷۵

آپ پہلے ہوا دیکھتے
اور پھر راستہ دیکھتے

زرد لمحوں کا لوٹا بدن
زندگی کی ادا دیکھتے

تھا سروں میں سفر کا غبار
لوٹ کر اور کیا دیکھتے

کیا ضرورت تھی جذبات کی
صرف حرف و نوا دیکھتے

اپنی منزل نہ پاتے کبھی
ہم اگر راستہ دیکھتے

۷۶

زرد سورج بھی دھندلا گئے
آپ کا نقشِ پا دیکھتے

کوئی دستِ طلب میں نہ تھا
کیوں وہ حرفِ دعا دیکھتے

آنکھ ہوتی سمندر اگر
خواب کیوں ریت کا دیکھتے

صبر گُل کم مبارکؔ نہ تھی
کب تلک حوصلہ دیکھتے

۷۷

جہاں کھلے گلاب نسترن سے ملے
تری رگوں میں خون موجزن سے ملے

وہیں پہ کھنچے دلوں کو کاٹ دے
جہاں تجھے اے دوست اپناپن ملے

تجھے ملی قدم قدم پہ زندگی
تجھے قدم قدم پہ تیغ زن ملے

چراغ لے کے بھی اسے تو ڈھونڈ لے
اگر کہیں تجھے وہ جانِ من ملے

ترے بدن کی دھوپ سے نہ مہر و ماہ
کہاں سے روشنی کی اک کرن ملے

وہ راستہ کبھی نہ اختیار کر
کہ جس سے ترے پاؤں کو تھکن ملے

مبارک اس کو دل میں تو چھپائے رکھ
وہ درد جس میں تھوڑی سی چبھن ملے

۷۸

ہاتھ ہو پاؤں ہو سر نہ ہو
سامنے ایسا منظر نہ ہو

چاندنی جس کو کہتے ہیں سب
ایک میلی سی چادر نہ ہو

ایسے ہاتھوں سے کیا فائدہ
جن پہ اپنا مقدر نہ ہو

شاخِ زیتون کی مت جلا
اس پہ لمسِ پیمبر نہ ہو

ہو مئی جون جس کا بدن
دھوپ کیوں اسکے سر پر نہ ہو

سوچ کر ڈالئے گا قدم
وہ ندی اک سمندر نہ ہو

ایسی کہئے مبارکؔ غزل
بحر کا جس میں چکر نہ ہو

۷۹

سمٹتے جا رہے ہیں کیوں حنا والے
کھلانے ہیں ابھی کچھ گل ادا والے

وہی رت ہے وہی موسم نہ جانے کیوں
وہ جھونکے اب نہیں آتے صبا والے

زمیں پر پاؤں کیوں پڑتے نہیں ہیں اب
ارے وہ چاندنی جیسی قبا والے

تجھے اعجاز پھر اپنا دکھانا ہے
سنا ہے پھر سامری آیا عصا والے

زمیں ساکت نظر آنے لگی ہے پھر
کہاں اب خیمہ زن ہیں وہ خدا والے

مبارکؔ پھر سے کوئی انقلاب آجائے
مری دنیا میں او غارِ حرا والے

آگہی کے لمس (غزلیں)　　　　مبارک انصاری

بہار رُت میں اور کبھی خزاؤں میں
کٹی تمام عمر دُھوپ چھاؤں میں

تمام عمر کشمکش میں کاٹ دی
عجیب بات تھی تری اداؤں میں

وہ لوگ کتنے خوش نصیب ہیں کہ جو
گذارتے ہیں دن کھلی فضاؤں میں

لوئیں چراغ کی لرز لرز اُٹھیں
کچھ ایسا رقص اب کے تھا ہواؤں میں

زمیں پہ منھ کے بل وہ آج گر پڑا
اڑان بھر رہا تھا جو خلاؤں میں

فقیرِ شہر آج جانے کیا ہوئی
وہ اک کشش جو تھی تری صداؤں میں

مبارک آئے گا ضرور انقلاب
ہوائے شہر آرہی ہے گاؤں میں

تجھے راستہ ابھی منزلوں کا ملا نہیں
ترے سامنے ابھی کوئی دشت بلا نہیں

وہ نہ جانے کتنی مسافتوں سے گذر گیا
مگر آج بھی ترے راستے سے ہٹا نہیں

وہی آفتاب ہے حشر کا ابھی سر بسر
کہیں سایہ جسم کا چھوڑ کر تو گیا نہیں

ترے پاس جتنی ہیں آرزوئیں سمیٹ لے
مرے ہم نفس کوئی چارہ اسکے سوا نہیں

مرے حال پر مجھے چھوڑ دو مرے ہم نشیں
مجھے اب کسی سے بھی کوئی شکوہ گلا نہیں

کہیں اعتبار رفاقتوں کا میں کھو نہ دوں
تھا یہی سبب جو مبارک اسکو چھوا نہیں

―――――

۸۴

سر پہ شعاعِ مہر کی شمشیر ہے
لیکن نگاہوں میں تری تصویر ہے

یوں ہی نہیں ہر شخص کا چہرہ ہے فق
یہ آگہی کے لمس کی تاثیر ہے

اس سے زیادہ کچھ نہیں یہ ماہتاب
تیرے بدن کا لمس ہے تنویر ہے

ذوقِ عمل اک لفظ بے معنی ہے آج
اب تو فقط تقریر ہی تقریر ہے

دنیا کو ہے اس کا مبارکؔ اعتراف
ہر طرح سے دلکش تری تحریر ہے

وہ لمحے بڑے جاں گسل تھے
مری گھات میں مستقل تھے

نظر ہی نہ تھی بہکی بہکی
خیالات بھی منفعل تھے

جہاں پر نہ مارے پرندہ
ہم ایسی جگہ منتقل تھے

نہ ایسا تھا کوئی ارادہ
نہ اپنے کئے پر خجل تھے

مگر کم نہ تھے ہم کسی سے
یوں کہنے کو تو آب و گل تھے

آگہی کے لمس (غزلیں)　　　　مبارک انصاری

کھلے تھے گلابوں کی صورت
کہاں زخمِ دل مندمل تھے

تھے معصوم چہرے انہیں کے
حقیقت میں جو سخت دل تھے

قدم ہی نہ تھے منجمد سے
مرے خواب بھی مضمحل تھے

مبارک عجب کیفیت تھی
جہاں رات ہم منتقل تھے

۸۵

کوئی خواب ایسا اتار دے مرے شہر میں
جو نفس نفس کو قرار دے مرے شہر میں

جسے پا کے لوگ تھے صبح و شام سے بے خبر
وہی جھونکا پھر سے گزار دے مرے شہر میں

ابھی ایسا چاند کھلا نہیں کسی بام پر
جو فضا کو رنگِ بہار دے مرے شہر میں

اسی آس میں مری آرزوئیں بھی تھک گئیں
کوئی آ کے مجھ کو پکار دے مرے شہر میں

وہی لالہ رُخ وہی گل عذار ہوں صُورتیں
کوئی شکل ایسی ابھار دے مرے شہر میں

وہ جب بھی رشکِ ماہتاب آئے گا
نفس نفس میں اضطراب آئے گا

بہار رت جب آئے گی چمن چمن
ہر ایک شاخ پر گلاب آئے گا

یہ بات کب تھی وہم میں گمان میں
زمانہ اس قدر خراب آئے گا

چلے چلو اسے پکارتے ہوئے
کہیں سے کوئی تو جواب آئے گا

تجھے بھی ایک دن ملیگی اہمیت
ترے بھی نام انتساب آئے گا

کسے یہ علم تھا کہ اُمّیٔ عرب
حرا سے لیکے اک کتاب آئے گا

مبارک اختیار کر تحمّلا متیں
تری غزل میں بھی حجاب آئے گا

۸۷

کوئی پرندہ لگا ہواؤں کی زد پہ ٹھہرا
وہ ایک لمحہ جو دفعتاً خال و خد پہ ٹھہرا

مگر وہ ضد ایک شوخ بچے سے کم نہیں تھی
اٹھا جو طوفاں تو جا کے اپنی ہی حد پہ ٹھہرا

بدل گئی رُت اک انقلاب آ گیا جہاں میں
وہ پائے رحمت جب آ کے اس ارض بد پہ ٹھہرا

نہیں تھا وہ سلسلہ کوئی اس کی خواہشوں کا
وہ پرتوِ آفتاب تھا جو کہ قد پہ ٹھہرا

کہاں تلک ان فضاؤں میں کروٹیں بدلتا
وہ ایک تنکا جو وقت کے جزر و مد پہ ٹھہرا

الف سے ہی تک کہیں تو ٹھہرا اُچاہیے تھا
بڑھا جو زیر و زبر سے ہو کر تو مد پہ ٹھہرا

تمہیں مبارک کسی کا خوف و ہراس کیوں ہو
مدارِ ایماں کا جب خدائے احد پہ ٹھہرا

۸۹

جسم کی تہہ دار پرتیں پھونک ڈالو
اپنی سانسوں کی کتابیں پھونک ڈالو

اس سے پہلے نامرادی سر اٹھائے
آرزوؤں کی چتائیں پھونک ڈالو

ایک دھوکے کے سوا کچھ بھی نہیں ہیں
جاؤ یہ کالی گھٹائیں پھونک ڈالو

جسیں دکھلائی نہ دے خود اپنا چہرہ
ایسی غزلیں ایسی نظمیں پھونک ڈالو

ذہن کو جو اینٹ پتھر کا بنا دیں !
اپنے ہاتھوں سے وہ رسمیں پھونک ڈالو

ہر طرف شمسان سا منظر یہاں ہے
اب تو یہ چاروں دِشائیں پھونک ڈالو

ڈر اگر لگتا ہے تم کو دن میں لوگو
اس جہاں کو رات ہی میں پھونک ڈالو

یا کوئی دیرینہ پیکر ڈھونڈ لاؤ
یا یہ فرسودہ قبائیں پھونک ڈالو
آدمی کے حوصلے زخمی جو کر دیں
اے مبارکؔ ایسی صبحیں پھونک ڈالو

آگہی کے لمس (غزلیں) مبارک انصاری

۹۰

مرادِ دردِ دل جو اِدھر کا ہے نہ اُدھر کا ہے
یہ کرشمہ تو تری صرف ایک نظر کا ہے

ترے فیصلے پہ ہے منحصر مرے ہمسفر
مجھے یہ بتا کہ ارادہ ترا کدھر کا ہے

مرے حال پر مجھے چھوڑ دو ابھی کچھ دنوں
مرے سامنے ابھی مسئلہ مرے گھر کا ہے

ابھی برگ گل ہیں پڑے ہوئے تری راہ میں
مری جانِ جاں ابھی وقت تیرے سفر کا ہے

مجھے زرد لمحوں کا غم نہیں مرے ہم نفس
مرے سر پہ آج بھی سایہ کہنہ شجر کا ہے

اے مبارک آج جو وقت ہے ترا ہم نوا
کوئی لمس اس میں ضرور دستِ ہنر کا ہے

۹۱

رستے پہ اب تک تو کسی کو لائے ہے
کیوں رنگ اپنا آسماں دکھلائے ہے

میں چپ کہ تیری دسترس سے دور ہوں
پھر کیوں مجھے تارِ نفس الجھائے ہے

شاید تو گورکھپور سے واقف نہیں
اب یہ زمیں اک آسماں کہلائے ہے

شاید ابھی آیا نہیں ہے پُل صراط
وہ آج بھی گرتا سنبھلتا جائے ہے

اب وہ پری وہ چاند کی بڑھیا نہیں
تو زندگی مجھ کو کہاں لے آئے ہے

٩٢

ہر خال و خط سے آشنا ہوتے ہوئے
بچوں کی صورت خود کو وہ بہلائے ہے

لو پھر مجھے کرنا پڑا ہے اعتبار
لو پھر مرے سر کی قسم وہ کھائے ہے

شاید ابھی فطرت سے تو واقف نہیں
کیوں اسقدر حالات پر اترائے ہے

تو آسماں کی سرحدیں چھو آیا ہے
پھر کیوں مبارکؔ دھند میں منڈلائے ہے

۹۳

ٹوٹا ہوا اک آئینہ ہے زندگی
اس کے سوا بتلاؤ کیا ہے زندگی

واقف نہیں ہے تو ابھی اس بات سے
منزل نہیں اک راستہ ہے زندگی

ہر سانس تیری حلقۂ گرداب ہے
در اصل اک موجِ بلا ہے زندگی

آنکھوں میں ہے نشہ نہ کوئی خواب ہی
یہ بھی کوئی میرے خدا ہے زندگی

یا حسرتوں کی دھند ہے چاروں طرف
یا قافلہ اک گرد کا ہے زندگی

۹۴

باہر نکل آیا حصارِ ذات سے
پھر بھی کوئی اندر چھپا ہے زندگی

کیا بٹ گیا قسطوں میں میرا وجود
کیوں آئینہ در آئینہ ہے زندگی

میں نے کہیں پایا نہیں اسکا سراغ
آخر کہاں ہے کس جگہ ہے زندگی

اب تو مبارکؔ ایسا لگتا ہے مجھے
احساس کا بجھتا دیا ہے زندگی

۹۵

اک جمود جاں گسل تھا تو جہاں تھا
رعب تیرا مستقل تھا تو جہاں تھا

دھول کے بادل کفن پہنے ہوئے تھے
لمحہ لمحہ منفعل تھا تو جہاں تھا

تھا مگر قائم جہاں تیری بدولت
کہنے کو تو آب و گل تھا تو جہاں تھا

سارے منظر تھے دریدہ خواب جیسے
صرف اک تیرا ہی دل تھا تو جہاں تھا

آگ مٹی اور ہوا پانی سبھی تھے
کس لیے پھر مضمحل تھا تو جہاں تھا

لمس کوئی بھی نہ تیرے کام آیا
برف کی تو ایک سل تھا تو جہاں تھا

محو حیرت تھا زمانہ اے مبارکؔ
کون تجھ میں منتقل تھا تو جہاں تھا

۹۶

عنانِ وقت ہاتھوں میں سدا رکھنا
زمانے بھر کو اپنا ہم نوا رکھنا

ملیں گے تم کو پیچ و خم مسافت میں
بلند اپنا ہمیشہ حوصلہ رکھنا

اگر عمرِ رواں سے کچھ توقع ہے
طِلسمی خواب آنکھوں میں سجا رکھنا

یقیناً آئے گا اک دن پلٹ کر وہ
ہمیشہ دل کا دروازہ کھُلا رکھنا

جہاں تک دھوپ کا پیکر نظر آئے
تعاقب میں گھٹاؤں کو لگا رکھنا

زمیں ہموار رکھنی ہے اگر لوگو
جُدا اپنا ہمیشہ راستہ رکھنا

مبارکؔ جب قدم دہلیز پر آئے
تبسّم کا دیا لب پر جلا رکھنا

۹۷

کوئی شور ہے نہ شرابہ اب مرے خواب میں
میں پہنچ گیا ہوں جیسے دشتِ سراب میں

وہ گُل گناہ کھلا نہیں ہے ابھی تلک
ہمیں لطف آئیگا کیسے دورِ گلاب میں

تری ذات جس سے اُبھر کے سامنے آسکے
کوئی لفظ ایسا لکھا نہیں ہے کتاب میں

جسے تیرے وعدے کا پاس جاں سے عزیز ہے
وہی ڈال دیتا ہے ناؤ موجِ پُر آب میں

مگر اس پہ بھی تھا ترا کرم مرے ساتھ ساتھ
ہمیں نے عمر اپنی گزاری لہو لعاب میں

کوئی بات ایسی نظر نہ آئی ابھی تلک
جو پڑھا تھا میں نے اسے زندگی کے کتاب میں

کوئی درد ہے نہ کوئی خلش نہ تڑپ کوئی
مجھے کیا ملا اے مبارک عہدِ شباب میں

اک بگولا سا اٹھا کہاں
دشت گل میں وہ آیا کہاں

ہم چناروں سے بھی ہو کے آئے
وہ خنک دار سایہ کہاں

مدتوں سر پہ تھا آسماں
پاؤں دھرتی پہ ٹھہرا کہاں

کون اپنا پرایا ہے کون
آج تک اس نے سمجھا کہاں

لمس اس کا تھا جنگل کی آگ
آپ نے چھو کے دیکھا کہاں

۹۹

آج مہتاب کی شاخ پر
رات بھر چاند سویا کہاں

عمر بھر ہم سرابوں میں تھے
راستہ گھر کا آیا کہاں

تھا یہ تیری نظر کا فریب
چاند پانی میں اترا کہاں

اب کہاں وہ خدائے سخن
وہ مبارک زمانہ کہاں

آگہی کے لمس (غزلیں)　　　　مبارک انصاری

۱۰۰

اسقدر کیوں پریشان ہے
جسم بھی ایک زندان ہے

پڑھ کے غزلیں مری دیکھ لے
میرے خوابوں کا گلدان ہے

وہ نہیں ہے مگر گاؤں میں
کھیت، تالاب، کھلیان ہے

آج صورت تری دیکھ کر
آئینہ کتنا حیران ہے

چاند آنگن میں چھت پر نہیں
تیری آنکھوں میں مہمان ہے

۱۰۱

آج ہر شخص ہے حکمراں
آج ہر شخص سلطان ہے

میرے بچے مرے لاڈلے
تو مرے کل کی پہچان ہے

چھیڑنا مت اسے دوستو
آج کل ایک طوفان ہے

اے مبارکؔ نئی نسل سے
کیوں زمانہ پریشان ہے

۱۰۲

شوخ ہوا کے تیور ہیں یا اسکی نظر ہے
اس عالم پر جانے کس کی وحشت کا اثر ہے

درد، خلش، تنہائی جب سے اپنا مقدر
محرومی، ناکامی کا پھر کس کو ڈر ہے

چہرہ چہرہ آئینہ ہے سچائی کا
وہم و گماں کا اس بستی میں کہاں گذر ہے

منزل کا پھر کس کو غم ہے چلتے رہئے
دھوپ، ہوا، سایہ، پانی جب زادِ سفر ہے

شرم کی چھینٹیں، اشک ندامت دامن دامن
کون یہاں ہے جسکا خنجر خون میں تر ہے

یہ مجھ کو معلوم نہیں تھا اس سے پہلے
وہ میرا محبوب بھی اتنا تنگ نظر ہے

دستِ صبا نے پیراہن سب کھینچ لئے ہیں
یونہی نہیں مبارکؔ ننگا شجر شجر ہے

۱۰۳

ہواؤں کا نشہ نہ اترا
خلا سے پرندہ نہ اترا

اترتا رہا چاند چھت پر
مگر تیرے جیسا نہ اترا

گزر بھی گیا سر سے سورج
اثر مہ وشوں کا نہ اترا

بدلتے رہے رنگ موسم
مگر تیرا چہرہ نہ اترا

رہی گھر کی دہلیز سونی
مرادوں کا ڈولا نہ اترا

مٹا دے جو ماتھے کی شکنیں
کوئی خواب ایسا نہ اترا

مبارک ابھی تک غزل کی
کسوٹی پہ پورا نہ اترا

۱۰۴

یہ وجود اپنا کہاں سمٹا ہوا ہے
ریگ زاروں کی طرح بکھرا ہوا ہے

اب تو بچّوں کو بھی پر جمنے لگے ہیں
اب تو ہر بچّہ پری زادہ ہوا ہے

سو بھی جاؤ "آیت الکرسی" کو پڑھ کر
خواب سے کیوں جسم تھرایا ہوا ہے

آجکل یہ کیفیت ہے شہر دل کی
جیسے بوڑھا آدمی سویا ہوا ہے

ایک قبرستان سے کچھ کم نہیں تھا
آج اپنے گھر کا اندازہ ہوا ہے

جس نے لکھی تھی کتابیں علم و فن پر
وہ صلیب و دار پر لٹکا ہوا ہے

ہے مبارک تو بھی اپنے فن میں یکتا
مستند تیرا بھی فرمایا ہوا ہے